KB215957

5대 솔라 성경공부 1

개혁주의생명신학 선언문

오직 성경

지은이 **장 종 현**

장종현 박사는 충남 아산시 영인면 성내리 안골에서 농부의 아들로 태어났습니다. 중학교 3학년 때 예수님을 영접한 이후 무릎 꿇고 받은 사명을 감당하기 위해 1976년 11월 1일 "진리가 너희를 자유케 하리라"(요 8:32)는 말씀을 붙잡고 백석학원(백석대학교, 백석문화대학교, 백석예술대학교, 백석대학교평생교육신학원)과 기독교연합신문사를 설립했습니다.

그는 백석학원이 세상에 존재하는 또 하나의 대학이 아니라 오직 하나님의 말씀에 의해서 사람을 변화시키고 영적 생명을 살리는 기독교 대학을 세우기 위해 일평생 헌신하고 있습니다. 그는 개혁주의 5대 표어를 생명처럼 여기면서 신학이 학문으로 전락해서는 안 되고 그리스도의 생명이어야 한다는 것을 깊이 깨닫고 개혁주의생명신학을 주창했습니다. 개혁주의생명신학은 개혁주의신학을 실천하는 운동입니다. 본서는 5대 솔라를 현재의 의미로 재해석해 삶 속에서 적용하도록 안내하는 성경공부 교재입니다.

오직 하나님께 영광!

백석연구소 총서 6-1

5대 솔라 성경공부 1

개혁주의생명신학 선언문 : 오직 성경

발행일 2020년 10월 31일 초판 1쇄
지은이 장종현
발행처 백석정신아카데미
충청남도 천안시 동남구 문암로 76
전화: 041)550-2090 팩스: 041)550-0450
문제출제 김덕만(백석대학교 기독교학부)
펴낸곳 기독교연합신문사(도서출판 UCN)
등록번호: 제21-347호 등록일자: 1992년 6월 28일
주소: 서울특별시 서초구 남부순환로 2221 5층
전화: 02)585-0812 팩스: 02)585-6683
전자우편: ucndesign@naver.com
디자인·인쇄 기독교연합신문사 디자인실
ISBN 978-89-6006-916-9 93230

5대 솔라 성경공부 1

개혁주의생명신학 선언문

오직 성경

장종현 지음

도서
출판 UCN

1. 오직 성경

교회와 세상을 변화시키는
개혁주의 5대 솔라

　500여 년 전 중세교회는 교황의 권위와 교회의 전통을 성경 위
에 두는 죄를 범했습니다. 종교개혁자들은 이러한 잘못된 가르침
에 맞서 '5대 솔라'의 신앙원리를 정립했습니다. '5대 솔라'는 '오
직 성경', '오직 그리스도', '오직 믿음', '오직 은혜', '오직 하나님
께 영광'입니다. 이는 성경에 근거한 가르침으로, 개혁주의신학
(Reformed Theology)의 핵심입니다. 그러나 오늘의 개혁주의신학
은 종교개혁의 정신을 잃어버렸습니다. 학문과 교리는 붙들면서
도 말씀에 순종하는 삶은 소홀히 함으로 복음의 생명력을 약화시
켰습니다. 참된 신학은 성령의 도우심으로 하나님과 예수 그리스
도를 인격적으로 아는 것입니다. 성령의 인도하심을 받지 않는 신
학에는 예수 그리스도의 생명이 없습니다. 신학은 학문이 아닙니
다. 예수 그리스도의 생명의 복음입니다.

　개혁주의신학이 예수 그리스도의 생명을 회복하도록 우리는
'개혁주의생명신학'(Reformed Life Theology)을 주창하고 실천해 왔
습니다. 이는 새로운 신학이 아닙니다. 개혁주의생명신학은 교회

와 세상을 말씀에 비추어 보아 그릇된 것은 바로잡고 올바른 것은 계승하는 개혁주의신학을 따릅니다. 개혁주의생명신학은 하나님의 말씀 가운데 나타나는 예수 그리스도의 생명의 역사가 회복되기를 소망합니다. 이를 위해 성령의 인도하심을 따라 먼저 자신을 말씀과 기도 가운데 개혁하고, 교회를 예수 그리스도의 생명으로 새롭게 하며, 세상을 예수 그리스도의 복음과 사랑으로 변화시키려 합니다.

우리 총회와 백석학원은 종교개혁 500주년을 맞이하여 새로운 각오와 결단으로 하나님의 말씀인 성경을 근본으로 삼아 『개혁주의생명신학 선언문』(2017년)을 교회와 세상을 향해 내어놓았습니다. 『개혁주의생명신학 선언문』은 장로교를 비롯한 모든 교파들이 수용할 수 있는 '종교개혁의 5대 솔라'를 현재의 의미로 재해석하는 일에 많은 노력을 기울였습니다. 한국교회의 가장 큰 문제인 분열과 세속화를 성경 중심으로 해결할 수 있도록 한 것입니다. '종교개혁의 5대 솔라'는 500년 전에만 효력이 있었던 것이 아니라 성경을 기준으로 살아가는 오늘의 우리에게도 여전히 능력이 있으며, 참된 신앙의 원리임을 재발견하였습니다.

그것은 단지 종교개혁자들의 신앙을 대변하는 구호에 그치지 않고, 우리의 삶 가운데서 살아내야 할 하나님의 생명 있는 말씀임을 확인한 것입니다. 『개혁주의생명신학 선언문』은 무너져가는 한국교회를 16세기 종교개혁의 정신으로 다시 살려내기 위해 '개혁주의 5대 솔라'를 중점적으로 다루고 있습니다. 종교개혁 503주년을 맞이하면서『개혁주의생명신학 선언문』에서 명시하는 개혁주의 5대 솔라를 성도들이 쉽게 연구하면서 삶 속에 적용하기 위한 성경문제집을 발간합니다.

이번에 발간되는『5대 솔라 성경공부』(2020년)는 이미 출판된『백석학원의 설립정신』(2014년)과『개혁주의생명신학 선언문』(2017년),『개혁주의생명신학 7대 실천운동』(2018년)과 개혁주의생명신학 7대 실천운동을 다룬『생명을 살리는 성경공부』(2019)와 함께 '신학은 학문이 아니라 영적 생명을 살리는 복음이며, 나아가 교회와 세상을 변화시키는 마중물이 되어야 한다'는 개혁주의생명신학의 근본 취지를 드러내고 있습니다. 아무쪼록『5대 솔라 성경공부』(2020년)가 500여 년 전에 불같이 일어났던 종교개혁의 참된 정신을 회복하게 하는 불쏘시개가 되어 한국교회를 새롭게 하며, 생명을 살리는 진원지 역할을 감당하는 일에 조금이나마 도움이 되기를 바라는 마음을 담아 본 교재를 세상에 내놓습니다.

2020년 10월 31일
(종교개혁 503주년에 즈음하여)

백석대학교 · 백석문화대학교 · 백석예술대학교
백석대학교평생교육신학원 · 기독교연합신문사

설립자 장종현 박사

1

성경의 권위가
회복되어야 한다

핵심 성경구절

> "살리는 것은 영이니 육은 무익하니라 내가 너희에게 이른 말은 영이요 생명이라"(요 6:63).

성경은 하나님의 아들 예수 그리스도의 복음이다(눅 24:27; 롬 1:1-2). 성경은 인간의 구원과 삶의 모든 문제에 대한 유일하고 완전한 답이다. 성경에 기록된 하나님의 말씀이 선포되는 곳에서 성령도 함께 일하시며 예수 그리스도의 생명의 역사가 일어난다(요 6:63 하). 종교개혁은 성경보다 전통을 신봉하는 중세교회의 가르침에 반대하여, 성경 66권만을 신앙과 삶의 표준으로 삼았다. 오늘날 한국교회가 종교개혁의 성경관에 굳게 서지 못함은 안타까운 일이다.

― 『개혁주의생명신학 선언문』, 14, 15.

○ 마르틴 루터의 회심

수도사 복장을 한 루터(1483-1546)는 계단을 하나씩 기어오른 뒤, 몸을 웅크리며 새 기도문을 읊조렸다. 루터는 다른 순례자처럼 예수가 밟았던 빌라도 계단을 오르며 기도를 드리는 중이었다. 전승에 의하면 이 계단은 기적과도 같이 예루살렘에서 로마로 옮겨졌다. 덕분에 독실한 그리스도인들은 속죄의 의미로 무릎을 꿇고 계단을 오를 수 있게 되었다. 마르틴 루터는 속죄할 죄가 많은 것처럼 느꼈고, 늘 죄책감에 시달렸다.

그렇게 계단을 오르던 어느 날, 운명처럼 성경 말씀 한 구절이 귓가에 뚜렷이 들려왔다. 루터는 비텐베르크 대학의 성서학 교수이기도 했다. 그는 연구하면서 바울의 서신서, 특히 로마서를 탐독하게 되었다. 바울은 구약에 나온 하박국 선지자의 함축적인 말 "오직 의인은 믿음으로 말미암아 살리라"(롬 1:17)를 인용한다. 루터가 무릎 꿇고 계단을 오르는 동안 이 간단명료한 진리가 마음에서 꿈틀거리고 있었다. 모든 사람은 죄인이지만, 그리스도의 희생을 믿으면 죄에서 해방되어 의로워질 수 있다. 속죄는 종교적 행동으로 완성된 것이 아니라 믿음으로 얻어졌다.

전해오는 말에 따르면, 루터는 이 로마서의 말씀이 뇌리를 스치자 변명거리를 털어내고 몸을 일으켜 계단을 걸어 내려왔다고 한다. 이듬해부터 루터는 교회의 행태에 이의를 제기하고 사회적인 대변혁을 시도하고 인류사를 영원히 바꿔 놓을 종교개혁을 단행하는 등 왕성한 활동을 시작했다. "오직 의인은 믿음으로 말미암아 살리라"(롬 1:17)는 간단한 성경 말씀을 진실로 여겼기에 가능한 일이었다. [윌리엄 피터슨·랜디 피터슨, 『말씀의 힘』, 서희연 옮김, 엔크리스토]

1. 말씀을 통해 새로운 생명의 경험이 있었다면 함께 나누어 봅
   시다.

딤후 3:16-17 ---

엡 1:17 --

성경은 성령으로 감동되어 기록되었습니다. 그러므로 성경의 저
자는 인간이 아닌 하나님이십니다. 성령께서 영의 눈을 열어 주
실 때에야 비로소 우리는 성경을 생명의 말씀으로 체험합니다.
성령께서 우리 마음의 눈을 밝히시고 우리를 부르신 부르심의 소
명을 깨닫게 하십니다.

○ 성경은 하나님의 아들 예수 그리스도의 복음

2. 성경은 누구에 대한 기록입니까?

눅 24:27 _____

_____

롬 1:1-2 _____

_____

_____

성경은 하나님의 아들 예수 그리스도의 복음입니다. 예수님은 하나님의 아들로 우리의 창조주이시며, 그리스도로 우리를 구원하시는 구원자이십니다. 우리 속에 예수 그리스도의 영적 생명이 역사하려면 먼저 성경을 보는 우리의 태도가 바뀌어야 합니다.

3. 제자들은 예수님을 누구라고 고백했습니까?

마 16:16 _____

롬 1:4 --

복음은 그리스도께서 우리 죄를 위해 십자가에 죽으시고 다시 살아나신 사건입니다. 제자들은 예수님을 죽음에서 다시 부활하신 하나님의 아들로 바라보았습니다. 믿음으로 우리 또한 하나님의 아들이면서 구원자이신 예수 그리스도를 주로 고백할 수 있습니다.

> **◦ 성경은 인간의 구원과 삶의 문제에 대한 완전한 답이다**

4. 예수님은 우리의 죽음의 문제에 대해 어떻게 말씀하십니까?

눅 7:13-14 --

요 11:43-44 --

예수님은 아들을 잃은 과부를 보고 슬퍼하셨으며, 형제를 잃은 가족을 불쌍히 여기셨습니다. 창조주이신 예수님은 사랑하는 가족을 잃은 사람들을 찾아오셔서 그들에게 새 생명을 선물로 주셨습니다. 주님은 오늘 우리에게도 구원의 선물을 주시고 우리에게 진정으로 살아가야 할 새 소망의 영적 생명을 주십니다.

5. 예수님은 우리의 삶의 문제에 대해 어떻게 말씀하십니까?

막 6:41-42 --

요 21:6 --

예수님은 우리 삶의 모든 실존 문제에 대해 긍휼히 여기시며 이 문제들에 완전한 답을 갖고 계십니다. 중요한 것은 바로 예수 그리스도에 대한 우리의 시각과 태도입니다. 창조주이시며 구원자이신 예수님은 오늘도 우리의 구원과 모든 삶의 문제에 대해 우리를 돕기 원하십니다.

○ 말씀이 선포되는 곳에서 생명의 역사가 일어난다

6. 말씀이 선포되는 곳에서 어떤 일이 일어납니까?

행 8:29

행 8:35

행 10:44-45

말씀이 선포되는 곳에 성령이 역사하십니다. 예수 그리스도의 죽으심과 부활의 사건이 증거되는 곳에서 성령이 역사하시고, 이 복음의 사건을 증거하기 위해 성령께서 세밀하게 준비하시며 이 일을 위해 성령께서 감동을 주시고 일하십니다.

요 3:34

요 14:26

성령의 역사와 말씀의 역사는 함께합니다. 성령의 역사는 말씀의 증거를 위해 우리를 이끌어 가시고 말씀의 역사는 성령의 역사를 통해 우리에게 분명한 증거가 됩니다. 그러므로 성령의 역사를 위해 성령으로 '기도하기'와 예수 그리스도의 말씀을 깊이 '생각하기'는 우리 삶의 현장 속에서 균형을 잃지 않고 실천되어야 합니다.

7. 성령이 역사하시면 어떤 일이 일어납니까?

요 3:6-8 _____

_____

_____

_____

행 1:8 _____

_____

_____

성령은 모든 것, 곧 하나님의 깊은 것까지도 통달하십니다(고전 2:10). 하나님의 구원 섭리와 우리를 향한 사랑의 계획이 그리스도의 복음으로 드러났고, 그것은 결국 새 생명의 역사로 나타납니다. 나뭇잎의 흔들림을 통해 우리가 바람의 존재를 알 듯 성령의 역사는 그 열매와 그 결과를 통해 나타납니다.

NOTE

핵심 포인트

성경은 하나님의 아들 예수 그리스도의 복음입니다. 복음은 그리스도께서 우리 죄를 위해 십자가에 죽으시고 다시 부활하신 사건입니다. 복음의 말씀이 선포되는 곳에서 성령이 함께 일하시고 성령은 이 하나님의 섭리를 위해 역사하십니다. 우리를 향한 구원의 섭리와 사랑의 계획이 생명의 역사로 열매 맺도록 하는 것이 바로 성령의 역사입니다. 따라서 성경은 인간의 구원과 인간 삶의 모든 문제에 대한 유일하고 가장 완전한 답입니다.

한 주간 기도

주는 나의 구원자 그리스도이시며, 만물을 창조하신 살아 계신 하나님의 아들이심을 믿게 하여 주옵소서!

말씀의 거울로 본 나의 삶	월	화	수	목	금	토	주일
1. 예수님이 진정으로 나의 구원자 이신가?							
2. 예수님이 진정으로 나의 창조주이신가?							
3. 하나님의 말씀이 진정으로 나의 문제를 해결하고 있는가?							
4. 내가 생각하는 나의 삶의 문제는 무엇인지 목록을 쓰고 기도제목을 만들어 보자.							
5. 삶의 문제 앞에서, 성령으로 기도하기와 말씀을 깊이 생각하기로 한 이번 주간의 삶을 반성하며 나의 기도제목을 점검해 보자.							

2 성경은 하나님의 계시다

핵심 성경구절

"예언은 언제든지 사람의 뜻으로 낸 것이 아니요 오직 성령의 감동하심을 받은 사람들이 하나님께 받아 말한 것임이라"(벧후 1:21).

성경은 하나님의 계시를 기록한 것입니다. 계시란 사람의 지혜로 알 수 없는 진리를 하나님께서 가르쳐 주시는 것입니다. "먼저 알 것은 성경의 모든 예언은 사사로이 풀 것이 아니라"(벧후 1:20). 여기서 예언은 하나님의 계시를 말합니다. 예언은 사사로이 풀지 말라고 하신 것은 하나님의 말씀을 인간의 기준으로 판단하지 말라는 뜻입니다. "여호와의 영이 나를 통하여 말씀하심이여 그의 말씀이 내 혀에 있도다"(삼하 23:2). 이는 여호와의 영이 다윗을 통하여 말씀하셨고, 여호와의 말씀이 다윗의 혀에 있었다고 하십니다. 결국 다윗의 말이 아니라, 여호와 하나님의 말씀입니다.

- 『개혁주의생명신학 선언문』, 43-44.

○ **전기통신의 아버지, 새뮤얼 모스의 첫 타전**

새뮤얼 모스(1791-1872)가 전신기를 발명하여 첫 교신 메시지로 채택하지 않았더라면 민수기 한 귀퉁이에 숨겨진 이 말씀은 사람들의 뇌리에서 사라졌을 것이다. 모스는 전신기의 원거리 통신을 입증하기 위한 시연에서 "하나님의 행하신 일이 어찌 그리 큰가!"(민 23:23)라는 말씀을 모스 부호로 타전했다. 후에 그는 "당시 내 마음을 표현하기에 이 말씀만한 게 없었다"고 기록했다. 모든 영광은 마땅히 받으실 하나님만의 몫이었다.

팩스와 모뎀, 이메일, 인터넷을 비롯한 현대 통신망의 원조가 전신기였다는 점을 미루어 볼 때 모스가 사회 변화에 끼친 영향은 엄청났다. 그가 '미국 전기통신의 아버지'라 불리는 건 놀라운 일이 아니다. 모스의 발명품인 이 전보통신은 오래지 않아 전국적으로 확산되었다. 기업과 언론기관, 철도국, 국가 정보원 모두 모스의 발명품을 의지하게 되었다. 참으로 혁명적인 통신망이었다.

모스는 전신기 발명가로 널리 알려졌지만 국립 디자인 아카데미의 초대 교장과 뉴욕대학교 미술학장으로 활동하기도 했다. 그리고 인물 사진과 은판 사진법을 최초로 만들었다. 죽기 4년 전 모스는 다음과 같이 썼다. "순례의 목적지에 다다를수록 영적 기원에 대한 성경의 증거들이 명료하게 다가온다. 타락한 인간을 구원하기 위한 하나님의 방법, 그 웅장하고 숭고한 구원에 감사할 뿐이다. 희망과 기쁨이 미래를 훤히 비춘다." [윌리엄 피터슨, 랜디 피터슨, 『말씀의 힘』, 서희연역, 엔크리스토]

1. 전기통신을 해독하려면 모스 부호를 알아야 하듯이 하나님의
   계시를 알려면 무엇을 먼저 알아야 할지 함께 나누어 봅시다.

벧후 1:20-21

성경은 하나님의 말씀입니다. 인간의 말이 아닙니다. 성령을 통해 하나님의 비밀을 알아야만 성경을 이해할 수 있습니다. 성령의 도우심이 없이는 하나님의 말씀을 알 수 없습니다. 하나님께서 우리에게 주신 말씀을 알기 위해 계시의 말씀을 깊이 생각할 뿐만 아니라 이를 위해 성령의 도우심을 바라며 간구해야 합니다.

○ 하나님을 나타내시는 데는 자연계시와 특별계시가 있다

2. 하나님께서는 자연을 통해 무엇을 말씀하고 계십니까?

시 19:1

롬 1:20

자연계시는 자연법칙이나 일반적인 방편을 통해 하나님께서 스스로를 계시하시는 것을 말합니다. 그의 피조물인 자연을 통해 드러난 계시로 하나님의 능력이 드러나고 인간의 타고 난 본성으로 하나님을 찾고자 하는 동기가 부여되기도 합니다.

3. 성령을 통해 말씀을 깨닫게 하시는 특별계시는 자연계시와 어떻게 다를까요?

히 1:1-2

딤후 3:16 --

가장 완전하고 특별한 계시는 바로 '예수 그리스도'이십니다. 특별계시는 예수 그리스도를 통해 드러난 하나님의 구원 계획입니다. 자연계시와 양심으로는 희미하게 절대자가 있다는 것을 알 수 있었지만, 성경을 통해 우리는 드러난 하나님의 특별한 섭리를 알 수 있게 되었습니다.

> ◦ 하나님 중심주의 신앙으로 신구약 성경을 대하라

4. 우리의 이성으로 이해가 가능할까요?

마 14:25-26 --

요 6:13 --

하나님께서는 온 우주를 창조하시고 지금도 세상을 다스리십니다. 성경 가운데는 우리의 인식과 경험으로 이해되지 않는 많은 이야기들이 있습니다. 그것은 성경의 저자이신 하나님께서 바로 우리의 창조주이시며 전능하신 분임을 우리에게 가르치기 위함입니다.

5. 성경을 이해하기 위해 다른 책이나 학문이 더 필요한가요?

롬 1:17 _____

_____

고전 1:18 _____

_____

하나님의 구원은 명료합니다. 하나님의 구원의 역사는 십자가의 도를 믿는 믿음의 역사입니다. 믿음이 없는 사람들에게 이는 매우 어리석고 미련해 보입니다. 그래서 성경은 십자가의 도가 멸망하는 자들에게는 미련한 것이요, 구원을 받는 우리에게는 하나님의 능력이라고 말하고 있습니다.

갈 1:8 _____

_____

신 12:32 _____

_____

성경은 그것 자체로 하나님의 뜻을 충분히 담고 있습니다. 그러므로 성경 외에 어떤 인간의 저작이라도 성경말씀과 동등한 가치를 가질 수 없습니다. 전통, 관습, 다수의 견해, 연륜 그리고 어떤 법이나 규칙도 모두 성경의 권위 아래 있습니다.

○ 성경이 하나님의 말씀인 이유

6. 우리가 성경을 하나님의 말씀으로 받아들이는 이유는 무엇입니까?

히 1:1-2 _____

_____

벧후 1:21

성경은 성령의 감동하심을 받은 사람들이 하나님께 받아 말씀하신 것입니다. 성경은 하나님께서 직접 하신 하나님의 말씀입니다. 인간의 말이 아닙니다. 살아계신 하나님의 말씀이기에 성경은 살아 있는 하나님의 말씀입니다.

삼하 11:4

마 12:39

성경의 인물들은 결코 미화되지 않습니다. 그들의 품성과 약점과 장점을 모두 기록하고 있습니다. 그들의 성공과 실패 그리고 그

들의 죄까지 솔직하게 기록하고 있습니다. 뿐만 아니라 모든 역
사는 신화나 상징이 아닌 진실의 역사 기록입니다.

7. 성경은 무엇을 말하고 있습니까?

미 5:2 ··
···
···

눅 1:31 ··
···

성경 속에 나오는 예수님의 탄생, 생애, 고난, 부활, 승천에 대한
모든 예언의 말씀은 이루어졌습니다. 그리고 그의 재림에 대한
예언의 말씀 또한 언젠가 이루어질 것입니다. 성경은 바로 예수
그리스도에 대한 예언의 말씀과 그 성취의 말씀입니다.

신 31:24 ···
···

계 1:1 --

성경의 기록은 모세오경(약 BC 1500년)부터 요한계시록(약 AD 100년)까지 약 1,600년에 걸쳐 기록이 되었습니다. 구약 39권과 신약 27권, 성경 66권은 다양한 환경을 가진 약 40명의 저자들에 의해 기록되었지만, 그 주제는 예수 그리스도로 통일되어 있습니다.

핵심 포인트

성경은 우리의 구원을 위해 하나님께서 주신 말씀입니다. 성경 속에는 우리를 사랑하시는 하나님의 구원의 섭리가 담겨 있습니다. 성경이 통일되게 말씀하고 있는 사실은 복음이 예수 그리스도를 통해 나타났다는 사실입니다. 성경은 예수 그리스도께서 십자가에 달려 죽으시고 부활하신 사건을 우리에게 증거하여 우리를 향하신 하나님의 구원 섭리를 말씀하고 있습니다.

한 주간 기도

하나님께서 주신 유일한 규범인 성경말씀대로 살게 하여 주옵소서!

한 주간의 실천

말씀의 거울로 본 나의 삶	월	화	수	목	금	토	주일
1. 나는 성경을 하나님의 말씀으로 받아들이고 있는가?							
2. 나는 성령으로 기도하며 말씀을 깊이 생각하고 있는가?							
3. 주님의 말씀을 위해 내가 할 수 있는 일은 무엇인가?							
4. 나의 이성으로 믿어지지 않는 말씀이 있다면 기도제목을 만들어 보고 이를 위해 깊이 묵상하며 성령께 기도하자.							
5. 하나님께서 오늘 말씀을 통해 내게 원하시는 것은 무엇인지 하나님 중심의 생각으로 목록을 만들어 보고 성령으로 기도하자.							

3

성경은 성령의 감동으로
기록된 말씀이다

핵심 성경구절

"모든 성경은 하나님의 감동으로 된 것으로 교훈과 책망과
바르게 함과 의로 교육하기에 유익하니 이는 하나님의 사람
으로 온전하게 하며 모든 선한 일을 행할 능력을 갖추게 하
려 함이라"(딤후 3:16-17).

성경은 성령의 감동으로 기록되었기에 성령만이 성경을 올바로 해석하여 적
용하게 해주시는 분이다(딤후 3:16, 벧후 1:21). 성령께서 영의 눈을 열어 주실
때에야 비로소 우리는 성경을 말씀으로 체험한다(엡 1:17-18). 성경을 학문적
으로만 다루면 영적 생명을 상실하게 된다. 율법 조문은 죽이는 것이고 영은
살리는 것이다(고후 3:6). 영이 살아야 학문도 산다. 우리는 학문적 노력에 앞
서 무릎을 꿇고 성령의 도우심을 간구해야 한다.

– 『개혁주의생명신학 선언문』, 15.

○ 성경번역자 윌리엄 틴데일의 소명

헨리 8세가 영어로 번역된 성경의 반입을 금지시켰으나 성경은 술통과 짐짝 등에 숨겨져 영국으로 계속 밀반입되었다. 군인들이 성경을 몰수해도 성경은 어디선가 끊임없이 나왔다. 교회 주교들은 이 거슬리는 책이 퍼지는 걸 막으라고 압력을 넣었다. 이렇게 되자 누군가 헨리 8세에게 묘안을 내놓았다. 첩자를 고용해 성경책을 모조리 구입한 다음 불살라 버리면 어떻겠냐는 의견이었다. 비용이 들더라도 위험천만한 책을 없앨 수만 있다면 그 정도 돈은 아깝지 않을 것 같았다. 왕은 계획을 즉시 실행에 옮겼다.

그 위험천만한 책이 바로 성경이었다. 때는 1520년대 영국의 신학자 윌리엄 틴데일(1494-1536)은 신약성경을 영어로 번역해 국민이 모국어로 성경을 읽을 수 있게 했다. 처음에 그는 주교들이 그의 야심 찬 계획을 지지하리라 예상했지만, 예상과 달리 강력한 반대에 맞닥뜨리고 말았다. 유럽 대륙으로 망명한 틴데일은 타국에서 신약성경 번역을 끝내고 구약 일부를 번역했다. 그는 첩자를 피해 여러 곳을 전전했는데, 이것 또한 하나님에게서 받은 그의 삶의 소명이었다. 한 성직자와의 논쟁에서 틴데일은 "하나님이 내 생명을 지켜 주신다면 시골에서 쟁기를 끄는 소년이라도 몇 년 안에 당신보다 성경을 잘 알도록 이끌 것입니다"라고 자신의 소명을 분명히 밝혔다. [윌리엄 피터슨, 랜디 피터슨, 서희연 옮김, 『말씀의 힘』, 엔크리스토]

1. 성경의 능력에 대한 경험이 있다면 함께 나누어 봅시다.

눅 24:32 ....

....

성경을 읽을 때 우리의 마음이 뜨거워지고 성경을 깊이 묵상할 때
우리는 예수님을 인격적으로 만나게 됩니다. 성령은 우리의 눈을
열어 주셔서 우리로 하나님의 아들이신 예수 그리스도를 만날 수
있도록 도와주시고 우리의 인생을 변화시키십니다. 이것이 바로
초자연적인 역사입니다.

> ○ **성경에는 초자연적인 사건이 기록되어 있다**

2. 우리의 이성으로는 이해되지 않는 말씀들이 있습니다. 우리는
   이것을 어떻게 이해해야 될까요?

수 10:13 ....

출 14:22 _____

성경도 하나님이 주시고 천지만물도 하나님께서 창조하셨습니다. 같은 하나님께서 주신 성경과 자연은 원래 충돌될 수 없습니다. 만약 충돌이 있다면 그것은 성경과 자연과학의 충돌이 아니라 잘못된 성경 해석과 잘못된 과학이론의 충돌일 뿐입니다.

3. 성경 속에는 많은 초자연적인 사건 기록들이 있는데 그 이유는 무엇일까요?

고전 15:3-4 _____

행 3:6 _____

성경 이야기는 수많은 사건들 중에 하나님의 목적에 따라 선별된 이야기들을 모은 것입니다. 이는 하나님께서 우리를 구원하시기 위해 하신 일로 특별하고 초자연적인 사건들을 통해 그 구원의 섭리와 전능하심을 우리에게 가르치기 위함입니다.

창 17:1 --

요 5:39 --

사람은 완전하지 않습니다. 다만 완전한 것처럼 보일 뿐입니다. 성경은 전능하신 하나님께서 허물 많은 우리에게 나타나신 역사의 기록입니다. 성경을 읽을 때 우리는 전능하신 하나님을 발견하게 됩니다. 전능하신 하나님 앞에서 우리는 무릎을 꿇지 않을 수 없으며 우리의 온전하지 못한 모습이 거울 앞에 비쳐지게 되어 부르짖지 않을 수 없습니다.

○ 성경의 저자는 인간이 아닌 하나님

4. 성경의 수많은 저자의 글들이 왜 인간의 글이 아니라 하나님의 말씀일까요?

고전 2:13 ‒‒

‒‒

‒‒

렘 23:16 ‒‒‒

‒‒

‒‒

‒‒

　인간의 짧은 지식과 지혜만으로 창조주 하나님의 깊은 사랑의 섭리와 구원의 경륜을 모두 다 이해할 수 없습니다. 전능하신 하나님께서는 영으로 성경 저자들을 감동하게 하셔서 우리에게 말씀하십니다. 그러므로 신자는 성경 66권을 사람의 지혜가 가르친 말로 받지 아니하고, 오직 성령께서 가르치신 진리의 말씀인 하나님의 말씀으로 받아들여야 합니다.

5. 인간의 기록과 하나님의 기록의 차이는 무엇일까요?

고전 2:9-10 --

행 4:25 --

신념으로 사는 사람과 믿음으로 사는 사람은 다릅니다. 신념의
사람이 자기 생각, 자기 중심으로 살아가는 사람이라면 믿음의 사
람은 하나님께서 그 마음의 중심이 되어 살아가는 사람입니다.
믿음의 사람만이 성령의 도우심으로 하나님의 깊은 것까지 통달
할 수 있습니다.

◦ 예수 그리스도를 전하며 성령의 도우심을 간구해야 한다

6. 성경이 밝히는 성경의 중심 이야기는 무엇일까요?

요 20:30-31

눅 24:27

신구약 66권 성경의 중심 이야기는 바로 예수 그리스도입니다. 태초에 말씀으로 계셨고, 이 말씀이 곧 하나님이셨습니다(요 1:1). 그리고 이 말씀이 육신이 되어 우리 가운데 거하셨다(요 1:14)고 말씀하고 있습니다. 말씀이신 예수님은 하나님이시며 동시에 인간이셨습니다.

7. 성령은 말씀이신 예수 그리스도에 대하여 어떤 일을 하십니까?

요 15:6 --

딤후 2:7 ---

성경이 하나님의 말씀이라면 성경을 읽을 때 반드시 성령의 도우심과 가르침을 구하며 간절하게 기도해야 합니다. 성령의 빛과 그 도우심을 구하지 않으면 우리는 성경을 아무리 읽어도 바리새인과 같이 깨닫지 못합니다(마 12:3,5). 성령께서 모든 진리와 총명으로 인도해 주시도록 기도해야 합니다.

요 1:33 --

눅 12:12 ---

하나님의 말씀에는 신성한 빛이 있습니다. 그러나 인간들의 눈은 덮개와 수건으로 가려져 있어서 그 빛을 똑바로 볼 수 가 없습니다. 그런데 이 수건을 벗기는 일이 바로 성령의 특별한 사역입니다. 성령은 우리로 말씀을 바로 볼 수 있도록 우리 눈의 덮개와 수건을 벗겨 주서서 말씀을 깨닫게 하시고, 우리를 부르신 하나님의 소명을 알게 하서서 그 뜻대로 우리를 살아가게 하십니다.

핵심 포인트

바리새인들은 성경을 아무리 읽어도 그 말씀을 깨달을 수 없었습니다. 탐욕으로 그 눈이 가려져 있었고 하나님보다 더 사랑하는 그것으로 그들의 귀가 막혀 버렸기 때문입니다. 그리고 그들은 말씀이신 주님을 제대로 알지도 못했습니다. 하나님의 말씀을 우리가 들으려면 성령의 도우심이 절대적으로 필요합니다. 사람들을 감동하여 성경을 쓰게 하신 성령의 역사가 그 말씀을 온전히 깨닫기 원하는 사람들의 마음에 감동의 빛을 주시도록 우리는 간절히 기도해야 합니다. 성령께서 우리에게 초자연적으로 역사하여 읽게 하시고 깨닫게 하시며 가르치시기 때문입니다.

한 주간 기도

주님의 복음의 말씀을 성령의 도우심으로 증거하는 삶을 살게 하옵소서.

한 주간의 실천

말씀의 거울로 본 나의 삶	월	화	수	목	금	토	주일
1. 주의 말씀을 가로막는 것은 내게 무엇인가?							
2. 주님의 십자가와 부활을 나는 믿고 있는가?							
3. 말씀의 적용을 위해 나는 성령으로 기도하고 있는가?							
4. 내가 알고 있는 성경 중에 믿어지는 초자연적인 사건 세 가지만 적어 보자.							
5. 말씀의 묵상과 성령의 도우심을 바라는 기도가 오늘 균형을 잘 이루었는지 두 가지만 적어 보고 평가해 보자.							

4

성령이 성경을 깨닫게 하신다

핵심 성경구절

"그러나 사람의 속에는 영이 있고 전능자의 숨결이 사람에게 깨달음을 주시나니"(욥 32:8).

성령께서 영의 눈을 열어 주실 때에야 비로소 우리는 성경을 말씀으로 체험한다(엡 1:17-18). 성경을 학문적으로만 다루게 되면 영적 생명을 상실하게 된다. 율법 조문은 죽이는 것이고 영은 살리는 것이다(고후 3:6). 영이 살아야 학문도 산다. 우리는 학문적 노력에 앞서 무릎을 꿇고 성령의 도우심을 간구해야 한다.

– 『개혁주의생명신학 선언문』, 15.

○ **어거스틴의 회심**

어거스틴(AD 354-430년)은 역사상 가장 위대한 신학자 중 한 사람이었다. 그러나 그는 본인이 인정하는 것처럼, 서른한 살이 될 때까지 정욕의 쇠사슬에 매여 있었다. 다음은 그의 회심 기록이다.

"나는 마음에 밀려드는 쓰라린 슬픔 때문에 줄곧 울고 있었습니다. 그때였습니다. 갑자기 이웃집에서 들려오는 말소리가 있었습니다. 나는 곧 고개를 들고 어린아이들이 어떤 놀이를 할 때 저런 노래를 부르는지 곰곰이 생각해 보았습니다. 그러나 아무리 생각해도 전에 그런 노랫소리를 들었던 기억이 나지 않았습니다. 나는 흘러나오는 눈물을 닦고 일어섰습니다. 나는 그 소리를 성경을 펴서 첫눈에 들어온 구절을 읽으라는 하나님의 명령으로밖에 생각할 수 없었습니다.

그래서 나는 알리피우스가 있는 곳으로 급히 돌아갔습니다. 그곳을 떠나오면서 거기에다 바울서신들을 놔두고 온 까닭입니다. 나는 그 책을 집어 들자마자 첫눈에 들어온 구절을 읽었습니다. "방탕과 술 취하지 말며 음란과 호색하지 말며 쟁투와 시기하지 말고 오직 주 예수 그리스도로 옷 입고 정욕을 위하여 육신의 일을 도모하지 말라"(롬 13:13-14).

"내가 그 말씀을 읽자 즉시 확실성의 빛이 내 마음에 쏟아져 들어와 의심의 어두운 그림자를 전부 몰아내었습니다. 이전에 내가 그렇게 놓기 두려워했던 정욕을 놓아버린 일이 이제 나에게 얼마나 큰 기쁨이 되는지요! 참되시고 가장 좋으신 당신께서 정욕의 노예에 사로잡힌 나를 구하셨습니다. 당신이 그것들을 쫓아내시고 그 자리를 차지하셨습니다. 오 나의 주 나의 하나님, 나의 빛, 나의 부, 나의 구원이시여." [어거스틴. 『고백록』, 성한용 역, 대한기독교서회]

1. 성령의 도우심으로 말씀을 새롭게 깨달은 경험이 있다면 함께
   나누어 봅시다.

롬 8:1-2 ....

....

....

살전 1:6 ....

....

예수 그리스도 안에 있는 생명의 성령의 법으로 우리는 죄와 사망
의 법에서 해방되었습니다. 성령은 우리가 성경을 깨닫게 하시고
기쁨으로 살게 하시며 예수 그리스도를 본받는 삶을 살게 하십니
다. 그러므로 우리는 성령의 도우심이 없이는 성경을 깨달을 수
도 없을 뿐만 아니라 온전한 삶을 살아갈 수도 없습니다.

2. 성령의 도움 없이도 성경을 이해할 수 있을까요?

마 12:3 ....

마 12:5

예수님은 마태복음 12장 7절에서 제자들이 '무죄'하다고 말씀하셨습니다. 그들이 율법을 어기지 않아서가 아닙니다. 예수님은 바리새인들에게 사무엘상 21장의 이 이야기를 한 번도 읽어보지 못한 것처럼 말씀하십니다. "읽어보지 못하였느냐?" 그들은 이 말씀을 이미 읽고, 알고 있었지만 깨닫지 못했습니다. 바리새인들은 아무리 읽어도 깨달을 수 없었습니다.

3. 말씀을 읽어도 깨닫지 못하는 이유는 무엇 때문일까요?

눅 16:14

마 23:6-7

탐욕은 사람의 눈을 어둡게 만듭니다. 바리새인들은 하나님보다 돈을 더 좋아했고, 하나님보다 공회에서 제일 높은 자리, 시장에서 인사 받기 그리고 잔치에서 상석에 앉기를 더 좋아했습니다. 탐욕의 수건이 우리 눈을 가로막고 있으면 예수님과 성경을 바로 볼 수 없습니다. 우리는 하나님과 재물을 겸하여 섬길 수 없기 때문입니다(눅 16:13).

○ 성령께서 눈을 열어 주셔야 성경을 깨달을 수 있다

4. 성령께서 눈을 열어주실 때 우리에게 어떤 결과가 있게 될까요?

시 119:18 ⎯⎯

엡 1:17-19 ⎯⎯⎯

성령께서 우리의 눈을 열어 주실 때 우리는 성경말씀을 깨닫게 되며 우리를 향하신 하나님의 구원 섭리와 그 사랑의 계획을 이해하게 됩니다. 성령께서는 우리의 눈을 밝히셔서 우리를 부르신 우리의 소명을 깨닫게 하실 뿐만 아니라, 그 부르심의 길을 달려갈 수 있도록 능력을 주십니다.

5. 성령의 도우심을 받으려면 어떻게 해야 할까요?

시 119:12 --

시 119:27 --

시편기자는 일곱 번이나 "내게 가르치소서"(12, 26, 33, 64, 66, 68, 124절)라고 했고, 다섯 번이나 "깨닫게 하여 주소서"(27, 34, 73, 125, 169절)라고 했습니다. 하나님의 말씀에는 성령께서 우리 눈을 열어주시지 않으시면 볼 수 없는 보화가 담겨 있기 때문입니다.

요 14:26 --

고전 2:10-11 --

하나님의 구원 섭리와 그 사랑의 계획은 오직 그 영으로만 알 수 있습니다. 성령의 감동으로 기록된 하나님의 말씀이 우리에게 역사하실 때 우리는 성령의 충만을 받아야만 하나님의 말씀을 온전히 깨닫고 담대히 전할 수 있습니다.

○ 성령의 도우심을 위해 기도해야 한다

6. 성령 충만하면 어떤 일이 일어납니까?

행 7:55 --

행 4:31 _____

성령이 충만하면 여러 가지 은사가 우리에게 나타나게 됩니다. 그중에서 예를 들면, 스데반과 같이 눈이 열려 하나님의 영광과 예수께서 하나님 우편에 서신 것을 보게 되기도 하고, 제자들과 같이 담대히 하나님의 말씀을 전하기도 합니다. 성령의 충만을 받아야만 우리는 하나님의 섭리를 깨닫고, 그 구원 섭리 속에서 우리 각자의 소명을 발견하며, 우리 삶의 현장 속에서 어떻게 하나님의 말씀을 담대히 증거할지 알게 되기 때문입니다.

7. 어떻게 해야 성령의 충만을 받을 수 있습니까?

눅 11:13 _____

_____

롬 8:15 _____

우리가 구하고 부르짖을 때 성령께서 임하십니다. 주님과 우리의 관계는 아버지와 아들의 관계와 같습니다. 우리가 아버지께 진심으로 구할 때 아버지는 우리에게 성령을 주시고 우리가 아버지에게 부르짖을 때 우리는 성령의 도우심으로 담대하게 기도할 수 있습니다.

롬 8:26

딤후 2:7

성령께서 말씀을 깨닫게 하실 때까지 우리는 말씀과 기도에 집중해야 합니다. 기도할 때 성령의 도우심을 경험할 수 있고, 기도할 때 하나님의 말씀을 깨달을 수 있기 때문입니다. 성령으로 '기도하기'와 말씀을 '생각하기'가 우리 안에 온전히 스며들도록 기도해야 합니다.

NOTE

하나님의 말씀은 생명의 빛입니다. 그러나 인간의 눈은 덮개와 수건으로 가려져 있어서 그 빛을 온전히 볼 수 없습니다. 탐욕이 우리 눈을 덮고 있고, 완악함이 우리 귀를 막고 있기 때문입니다. 그러면 아무리 성경을 읽어도 우리는 그 말씀을 깨달을 수 없습니다. 성령의 특별한 사역이 바로 우리 눈의 덮개를 벗겨 버리는 일입니다. 오직 성령의 도우심으로만 우리는 말씀을 깨달을 수 있습니다. 우리는 성령의 도우심과 성령 받기를 위해 기도해야 하고, 성령의 충만을 위해 부르짖어야 합니다.

한 주간 기도

성령으로 '기도하기'와 말씀을 '생각하기'가 온전히 이루어지도록 도와주옵소서!

한 주간의 실천

말씀의 거울로 본 나의 삶	월	화	수	목	금	토	주일
1. 오늘 말씀보다 내가 더 추구했던 것이 있다면 그것은 무엇인가?							
2. 성령으로 '기도하기'와 말씀을 '생각하기'가 오늘 규칙적으로 시도되었는가?							
3. 성령의 충만을 위해 나는 규칙적으로 기도하고 있는가?							
4. 성령의 도우심을 따라 성경 읽기를 할 때 방해하는 요소는 무엇인지 목록을 적어 보자.							
5. 오늘 말씀의 적용과 성령의 도우심을 위한 기도가 짝으로 이루어졌는지 평가해 보자.							

1. 오직 성경

성경을 통해
말씀하시는 성령

종교개혁시대 '오직 성경'의 의미는 중세교회가 성경과 더불어 교회의 전통을 신앙의 표준으로 삼는 것에 반대하여 오직 성경만이 진리의 원천이라는 것을 천명하였습니다. '선언문'에서는 이를 분명하게 받아들이면서 그 실천적 의미를 생각합니다. 성경을 신앙과 삶의 원천으로 하기 위하여서는 반드시 성령의 도우심으로 성경을 읽어야 한다는 것을 강조합니다. 성경은 성령의 감동으로 기록된 하나님의 말씀이기 때문에, 성경을 이해하기 위하여서는 반드시 성령의 도우심을 구하며 기도해야 합니다.

오늘날 한국교회는 예수 그리스도의 영적 생명을 잃어가고 있습니다. 생명을 살리는 복음적인 설교가 사라져 가고, 십자가와 부활의 복음을 제대로 선포하지 못하고 있습니다. 그 원인은 성경을 하나님의 말씀으로 믿지 않는 것입니다. 성경을 연구하고 가르치고 배우면서도, 하나님을 두려워하지 않고 하나님을 사랑하지도 않고 하나님께 순종하지도 않습니다. 신학이론을 가르치고, 신학자들의 이름을 나열하면서도 하나님의 말씀, 곧 성경을 통해 예수님을 알고 닮아가는 것에는 관심이 없습니다. 이와 같은 시대에 개혁주의생명신학은 성경의 권위를 대단히 중요하게 여깁니다.

1. 성경의 권위가 회복되어야 한다

우리 속에 예수 그리스도의 영적 생명이 역사하려면 먼저 성경의 권위가 회복되어야 합니다. 성경을 보는 우리의 태도가 바뀌어야 합니다. 성경은 하나님의 아들 예수 그리스도의 복음입니다(눅 24:27; 롬 1:1-2). 성경은 인간의 구원과 삶의 모든 문제에 대한 유일하고 완전한 답입니다. 성경에 기록된 하나님의 말씀이 선포되는 곳에서 성령도 함께 일하시며 예수 그리스도의 생명의 역사가 일어납니다(요 6:63 하).

중세교회는 하나님의 말씀인 성경보다 전통을 앞세움으로 그릇된 길로 갔습니다. 그 결과 교회 가운데 예수 그리스도의 생명의 역사가 사라졌고, 교회가 타락했습니다. 이런 잘못을 고치기 위해 종교개혁자들은 '오직 성경'(sola Scriptura)이라는 원리를 제시하며, 성경을 신앙과 삶의 절대적인 기준으로 고백했습니다. 개혁자들이 성경을 중시하며 성경 자체를 가르칠 때 교회 가운데 복음의 능력이 회복되었습니다.

개혁주의신학은 종교개혁자들을 본받아 우리 신앙과 삶에서 성경에 비추어 보아 그릇된 것은 바로잡고 바람직한 것은 북돋우는 신학입니다. 개혁주의생명신학은 개혁주의신학의 이런 전통을 고스란히 계승한 신학이기에 개혁주의신학과 동일한 신학입니다. 그런데 오늘날 개혁주의신학은 전수받은 신학 체계와 교리를 새로운 전통으로 삼아 그것을 성경보다 앞세움으로 중세교회와 유사한 잘못을 범하고 있습니다. 중세교회가 성경보다 전통을 우위에 둔 것이 문제라면, 오늘날 우리는 성경보다 자신이 배우고 익힌 신학과 교리를 우위에 두는 것이 문제입니다. 개혁주의신학 자체가 새로운 전통이 되어 성경을 강단에서 밀어낸 것입니다.

하나님의 말씀이 성령님의 역사하심을 따라 선포되고 가르쳐지면 예수 그리스도를 대적하던 이들이 십자가의 사랑을 알고 그 앞에 자복하는 생명의 역사가 일어납니다. 그런데 새로운 전통이 된 신학만 붙들 뿐 하나님의 말씀인 성경을 가르치는 목회자들이 사라지니 오늘날 우리 교회가 예수 그리스도의 생명력을 잃어버리고, 성도 수가 급감하는 상황을 맞게 된 것입니다. "신학은 학문이 아니다!"라는 주장은 이런 맥락에서 나온 것입니다. 성경을 자의적(恣意的)으로 해석하는 일은 막아야 하기에 건전한 신학 전통을 익히되, 강단에서는 신학을 가르치는 것이 아니라 하나님의 말씀인 성경을 전하고 가르쳐야 한다는 말입니다.

2. 성경은 하나님의 계시다

성경은 하나님의 계시를 기록한 것입니다. 계시란 사람의 지혜로 알 수 없는 진리를 하나님께서 가르쳐 주시는 것입니다. "먼저 알 것은 성경의 모든 예언은 사사로이 풀 것이 아니라"(벧후 1:20). 여기서 예언은 하나님의 계시를 말합니다. 예언을 사사로이 풀지 말라고 하신 것은 하나님의 말씀을 인간의 기준으로 판단하지 말라는 뜻입니다.

그런데 오늘날 강단에서는 하나님의 계시인 말씀을 선포하면서 "모세가 말했다, 바울이 말했다"라고 합니다. 많은 신학자와 목회자들이 "모세가 썼다", "다윗이 썼다", "바울이 썼다"라고 말합니다. 이것은 옳지 않습니다. 만일 성경의 저자가 단지 인간 모세, 인간 다윗, 인간 바울이라면, 성경이 어떻게 하나님의 말씀이요, 계시가 될 수 있겠습니까?

"이는 다윗의 마지막 말이라 이새의 아들 다윗이 말함이여 높이 세워진 자, 야곱의 하나님께로부터 기름 부음 받은 자, 이스라엘의 노래 잘 하는 자가 말하노라 여호와의 영이 나를 통하여 말씀하심이여 그의 말씀이 내 혀에 있도다"(삼하 23:1-2). 1절에서는 다윗의 말이라고 했는데, 2절에서는 여호와의 영이 다윗을 통하여 말씀하셨고, 여호와의 말씀이 다윗의 혀에 있었다고 하십니다. 결국 다윗의 말이 아니라, 여호와 하나님의 말씀입니다.

"또 주의 종 우리 조상 다윗의 입을 통하여 성령으로 말씀하시기를 어찌하여 열방이 분노하며 족속들이 허사를 경영하였는고"(행 4:25). 여기서 인용하는 시편 2편 말씀은 다윗의 말이 아니라, "다윗의 입을 통하여 성령께서" 하신 말씀입니다. 성경은 성령께서 우리에게 하시는 말씀입니다. 다윗의 입은 성령 하나님의 말씀을 전하는 도구일 뿐입니다.

그럼에도 불구하고 신학 교수들이 "모세가 말했다", "다윗이 말했다", "바울이 말했다"고 가르치는 것은 성경이 하나님의 계시임을 인정하지 않는 것입니다. 그런 학자들에게 신학을 배운 신학생들과 목회자들은 당연히 성경을 계시로 인정하지 않습니다. 그러다 보니 강단에서 아무리 말씀을 힘 있게 선포한다고 해도 하나님의 능력이 나타나지 않습니다. 성경에 나타난 하나님의 신비한 능력과 계시를 인정하지 않는 신학자들의 교만이 한국교회 강단을 무력하게 만들고, 성도들의 영혼을 메마르게 하고 있습니다.

"이러므로 우리가 하나님께 끊임없이 감사함은 너희가 우리에게 들은바 하나님의 말씀을 받을 때에 사람의 말로 받지 아니하고 하나님의 말씀으로 받음이니 진실로 그러하도다 이 말씀이 또한 너희 믿는 자 가운데에서 역사하느니라"(살전 2:13). 전하는 자와 듣는 자 모두가 성경을 하나님의 살아 있는 말씀으로 온전히 믿을 때, 말씀의 능력이 나타나는 것입니다.

1980년 우리나라에 3년제 목회학석사(Master of Divinity) 과정이 도입되었습니다. M. Div. 과정이 개설되면서 해외에서 유학한 신학자들이 들어오기 시작했습니다. 그 이전에는 성경 한 권만 부여잡고 하나님의 세미한 음성을 듣기 위해 목회자들이 기도원을 찾아다니며 목이 쉬도록 기도했습니다. 우리 선배 목사님들은 많이 배우지도 못했고, 지금처럼 주석 책이나 신학 책이 많지 않았습니다. 볼 것이라고는 오직 성경밖에 없었습니다.

그래서 수십 번씩 성경을 읽고 기도하면서 하나님의 음성을 듣고자 몸부림쳤습니다. 그런데 신학이 학문으로 발전하면서 목회자들이 성경보다 인간의 지식을 더 의지하게 되었습니다. 하나님의 말씀인 성경을 가르치기보다 자신이 배운 지식을 전달하는 데 마음을 쏟다 보니 한국교회 강단이 힘을 잃고 말씀의 능력이 사라지게 되었습니다.

신학자들이 설교는 할 줄 알지만 개척은 하지 못합니다. 목회는 지식으로 하는 것이 아닙니다. 성령의 인도하심을 따라야 합니다. 목회자 자신이 하나님의 말씀을 온전히 믿으며 복음을 선포할 때 하나님의 능력이 나타납니다. 그러나 오늘날 신학교에서는 하나님의 말씀보다 학문을 위주로 가르치기 때문에, 생명력 있는 목회자를 배출할 수 없습니다.

그래서 저는 2003년부터 "신학은 학문이 아니다"라고 외쳐 왔습니다. 하나님에 대해서 말하는 것은 학문이지만, 하나님께서 하신 말씀은 복음이요, 계시입니다. 우리는 하나님께서 계시해 주실 때만 하나님을 알 수 있습니다. 초대교회 교부들과 종교개혁자들을 비롯한 우리 신앙의 선배들은 성경을 하나님의 계시의 말씀으로 확신했습니다. 성경은 하나님께서 창세전부터 지금까지 하신 모든 일과 앞으로 행하실 일을 자세하게 드러냅니다. 성경을 떠나서는 하나님을 바로 알 수 없습니다.

그런데 우리는 하나님의 말씀을 어떻게 대합니까? 성경을 사회·문화적인 배경을 지닌 하나의 역사로만 생각하는 경우가 많습니다. 성경을 모세나 다윗이 쓰고 바울이 썼다고만 가르칩니다. 성경은 하나님께서 모세를 통해 쓰신 것이고, 바울을 통해 쓰신 것입니다. 그래서 우리는 '하나님께서 모세와 바울을 통해 하시는 말씀이 무엇인지' 물어야 합니다. 바울에 대해서만 말하고, 모세에 대해서만 말하면, 하나님의 말씀에 있는 생명력이 나타나지 않습니다. 성경은 사람이 쓴 역사 책이나 문학 책이 아닙니다. 성경은 하나님의 계시 그 자체이며, 살아계신 '하나님의 말씀', 바로 복음입니다. 성경을 하나님의 계시로 온전히 믿고 선포할 때, 우리 삶과 사역에 예수 그리스도의 생명이 넘칠 것입니다.

3. 성경은 성령의 감동으로 기록된 말씀이다

성경은 성령의 감동으로 기록된 하나님의 말씀입니다. "예언은 언제든지 사람의 뜻으로 낸 것이 아니요, 오직 성령의 감동하심을 받은 사람들이 하나님께 받아 말한 것임이라"(벧후 1:21).

성경의 모든 말씀은 사람의 뜻이 아니라 성령의 감동하심을 받은 사람들이 하나님께 받아 기록한 것입니다. 그러므로 목회자들이 말씀을 선포할 때는 "하나님께서 말씀하셨다"고 해야 합니다. 이것이 구약을 기록한 선지자들의 확신이었습니다. "여호와의 말씀이…임하니라"(렘 1:4; 욘 1:1). "여호와의 말씀이니라"(렘 2:19). "여호와의 입의 말씀이니라"(사 1:20; 미 4:4). 이 말씀들에서 알 수 있듯이, 인간 저자들은 하나님의 말씀을 받아 전한 것입니다. 성경은 선지자들이나 사도들이 자신의 생각과 경험을 말한 것이 아니고, 그리스도의 영이신 성령께서 그들 속에 증언해 주신 것입니다. 선지자들과 사도들은 성령을 힘입어 복음을 전했습니다. 성경은 성령의 계시로 증언되고 기록된 하나님의 말씀입니다.

굳이 인간 저자를 밝히고 싶다면 "하나님께서 모세를 통하여 말씀하셨다. 하나님께서 바울을 통하여 말씀하셨다"라고 해야 합니다. 물론 모세가 창세기부터 신명기까지 기록했습니다. 그래서 모세오경이라고 부릅니다. 사도 바울도 열세 권의 서신을 썼습니다. 그러나 모세와 바울은 하나님께서 감동으로 주신 말씀을 전달한 도구일 뿐입니다. 우리에게 말씀하시는 분은 바로 여호와 하나님이십니다.

성경이 어떻게 기록되었는지에 대해 여러 학설이 있습니다. 우리 개혁주의신학은 대체로 '유기적 영감설'과 '축자영감설'을 따릅니다. 유기적 영감설은 하나님께서 성경 기자들의 성품과 기질, 은사와 재능을 100퍼센트 사용하시되, 죄의 영향에 의해 오류가 발생하지 않도록 보호하셨다는 주장입니다. 축자영감설은 글자 하나하나가 성령님의 감동으로 기록된 정확 무오한 하나님의 말씀이고, 성경의 모든 부분이 영감을 받아 기록되었다는 것입니다.

한편 자유주의신학은 '사상영감설'과 '부분영감설'을 주장합니다. 사상영감설은 성경이 하나님의 영감으로 기록되었지만, 성경의 언어는 인간의 선택에 따랐다는 것입니다. 부분영감설은 성경 중의 일부가 영감으로 기록되었지만, 다른 부분은 영감으로 기록된 것이 아니라는 주장입니다. 과학이나 역사로 명확하게 입증할 수 없는 성경의 내용은 영감으로 기록된 것이 아니라는 주장입니다.

그들은 기적과 같은 초자연적 역사를 믿지 않습니다. 이러한 주장을 하는 사람들의 문제는 성경의 어느 부분이 영감으로 쓰였고, 어느 부분이 영감으로 쓰이지 않았는지를, 피조물인 인간이 결정한다는 데 있습니다. 과거에는 자유주의 신학자들만 가지고 있던 이러한 생각이 오늘날에는 보수주의 신학자들에게까지 확산되고 있는 것이 현실입니다. 보수주의자들이 말로는 성경의 유기적 영감설을 믿는다고 가르치지만, 실제로는 삶에서 하나님의 말씀을 온전히 믿고 행하지 않습니다.

여러분은 하나님께서 여호수아를 통해 해와 달을 멈추게 하신 사건을 아실 것입니다. "여호와께서 아모리 사람을 이스라엘 자손에게 넘겨 주시던 날에 여호수아가 여호와께 아뢰어 이스라엘의 목전에서 이르되 태양아 너는 기브온 위에 머무르라, 달아 너도 아얄론 골짜기에서 그리할지어다 하매 태양이 머물고 달이 멈추기를 백성이 그 대적에게 원수를 갚기까지 하였느니라 야살의 책에 태양이 중천에 머물러서 거의 종일토록 속히 내려가지 아니하였다고 기록되지 아니하였느냐 여호와께서 사람의 목소리를 들으신 이 같은 날은 전에도 없었고 후에도 없었나니 이는 여호와께서 이스라엘을 위하여 싸우셨음이니라"(수 10:12-14).

오늘날 신학자들 가운데 이 말씀을 그대로 믿지 않는 사람들이 많습니다. 태양이 멈춘다는 것이 인간의 이성으로 이해되지 않기 때문입니다. 성경에 분명히 나와 있는 말씀임에도 믿지 않는 것입니다.

"만군의 여호와께서 이와 같이 말씀하시되 너희에게 예언하는 선지자들의 말을 듣지 말라 그들은 너희에게 헛된 것을 가르치나니 그들이 말한 묵시는 자기 마음으로 말미암은 것이요 여호와의 입에서 나온 것이 아니니라"(렘 23:16).

자기 마음과 생각대로 가르치는 것은 모두 헛된 것입니다. 인간의 지식만으로는 창조주 하나님의 오묘한 섭리를 다 알 수 없습니다. 전능하신 하나님께서 행하시는 기적을 인간의 이성으로 이해할 수 없습니다.

진정으로 성경을 하나님의 말씀으로 믿는 사람이라면, 성경을 학설이 아니라 진리의 말씀으로 믿어야 합니다.

여러분은 학설을 믿습니까? 자신의 주장이 인정받을 때 기쁨과 희열을 느끼십니까? 여러분의 주장이 '지적 동의'를 얻는다고 해도, 여러분 자신이 십자가와 부활, 재림과 영생의 기적을 믿지 못한다면 그 어떤 것을 말해도 구원의 역사는 일어나지 않습니다.

"모든 성경은 하나님의 감동으로 된 것으로 교훈과 책망과 바르게 함과 의로 교육하기에 유익하니"(딤후 3:16). 분명한 사실은 "성경은 하나님의 감동으로 기록되었다"는 것입니다. 일부가 아니라 '모든 성경'이라고 말씀합니다. 성경 전체가 하나님의 말씀인 것입니다.

신학자들은 자신들이 학위를 받기 위하여 공부한 문헌들에만 관심을 갖다 보니 모세오경, 역사서, 시가서, 사복음서, 바울서신과 같이 자신이 전공한 성경을 중점적으로 읽습니다. 또한 성경을 연구할 때 저자, 저술 동기, 기록 연대, 역사적 상황과 같은 학문적 배경에 집착합니다. 일반 학문과 같은 방식으로 연구를 하다 보니 성경 전체를 하나님의 말씀으로 믿지 않는 잘못을 범하는 것입니다. 학문의 과정을 통해 자신도 모르는 사이에 성경의 원저자이신 하나님보다 도구에 불과한 인간 저자의 특성과 상황을 연구하고 가르치게 됩니다.

신학자들은 하나님의 말씀인 성경 자체를 깊이 연구하기보다, 다른 신학자들의 이름과 저서를 각주로 달아 논문을 작성합니다. 성경의 권위보다 사람의 말과 글에 더 권위를 부여하고, 그들이 작성한 논문에 의존합니다. 말씀을 읽고 묵상하면서 그 오묘한 뜻을 깨닫기 위해 기도하는 대신, 신학자들이 작성한 논문과 책만을 자신의 연구 대상으로 삼는 것입니다. 이런 신학자들에게서 예수님의 성품과 인격을 기대하기 어렵습니다. 사람을 변화시키는 것은 지식이 아니라 하나님의 말씀이기 때문입니다.

하나님의 영감으로 기록되었다는 말은 성경의 저자가 인간이 아니라 하나님 자신이심을 드러냅니다. 하나님께서 사람을 세우시고 그들 안에 깨달음과 감동을 주심으로 기록된 말씀이 성경인 것입니다. 성령의 감동으로 기록된 말씀을 온전히 믿고 순종하여 복음을 담대히 선포하는 영적 지도자들이 되길 바랍니다.

4. 성령이 성경을 깨닫게 하신다

성경은 성령의 영감으로 기록되었습니다. '영감'이란 단어에는 하나님의 숨결과 호흡이라는 의미가 담겨 있습니다. 하나님의 호흡이 들어 있다는 것은 성경의 저자가 인간이 아니라 성령 하나님이심을 말합니다.

"그러나 사람의 속에는 영이 있고, 전능자의 숨결이 사람에게 깨달음을 주시나니"(욥 32:8). 하나님의 말씀을 깨닫기 위해서는 전능자의 숨결인 성령의 지배를 받아야 합니다. 성령의 지배를 받는다는 말은,

성령께서 우리가 말씀을 깨달을 수 있도록 조명하신다는 뜻입니다.

"내 눈을 열어서 주의 율법에서 놀라운 것을 보게 하소서"(시 119:18), "우리 주 예수 그리스도의 하나님, 영광의 아버지께서 지혜와 계시의 영을 너희에게 주사 하나님을 알게 하시고 너희 마음의 눈을 밝히사 그의 부르심의 소망이 무엇이며 성도 안에서 그 기업의 영광의 풍성함이 무엇이며 그의 힘의 위력으로 역사하심을 따라 믿는 우리에게 베푸신 능력의 지극히 크심이 어떠한 것을 너희로 알게 하시기를 구하노라"(엡 1:17-19). 성령께서 우리로 하여금 하나님과 하나님의 사역을 깨달아 알도록 해주신다는 것입니다.

"보혜사 곧 아버지께서 내 이름으로 보내실 성령 그가 너희에게 모든 것을 가르치고 내가 너희에게 말한 모든 것을 생각나게 하리라"(요 14:26). 성령께서 우리에게 모든 것을 가르쳐 주십니다. 성령의 감동으로 기록된 말씀인 성경은 성령께서 풀어 주셔야만 깨달을 수 있습니다.

"오직 하나님이 성령으로 이것을 우리에게 보이셨으니 성령은 모든 것 곧 하나님의 깊은 것까지도 통달하시느니라 사람의 일을 사람의 속에 있는 영 외에 누가 알리요 이와 같이 하나님의 일도 하나님의 영 외에는 아무도 알지 못하느니라"(고전 2:10-11). 하나님의 영으로만 구원의 비밀을 알 수 있습니다. 하나님께서 은혜로 주신 구원은 오직 하나님의 영이신 성령만이 아시기 때문입니다.

오직 성령으로만 하나님의 말씀을 깨달을 수 있을 뿐 아니라, 성령 충만을 받아야 하나님의 말씀을 담대히 전할 수 있습니다. "빌기를 다하매 모인 곳이 진동하더니 무리가 다 성령이 충만하여 담대히 하나님의 말씀을 전하니라"(행 4:31). 성령 충만해야 하나님의 말씀을 전할 수 있습니다. 빌립보서 3장 3절은 봉사할 때도 하나님의 성령으로 하라고 하십니다. 우리의 힘과 능으로 할 수 없고, 성령께서 역사하셔야 자기희생과 봉사를 할 수 있습니다.

어떻게 해야 성령을 받을 수 있습니까? 성령을 받기 위해서는 기도해야 합니다. "너희가 악할지라도 좋은 것을 자식에게 줄 줄 알거든 하물며 너희 하늘 아버지께서 구하는 자에게 성령을 주시지 않겠느냐"(눅 11:13). 우리가 기도할 때 하나님께서는 성령을 주십니다. "그들이 내려가서 그들을 위하여 성령 받기를 기도하니… 이에 두 사도가 그들에게 안수하매 성령을 받는지라"(행 8:15-17). 기도할 때 성령께서 임하십니다. 기도해야 성령 충만할 수 있습니다.

성경은 인간의 입을 통하여 우리에게 하시는 하나님의 말씀입니다. 성경 66권을 하나님의 정확 무오한 말씀으로 믿고, 있는 그대로 전하는 것이 설교자의 책임과 의무입니다. 그러나 오늘날 한국교회 설교자들은 하나님의 말씀을 인간의 말과 인간의 생각인 것처럼 전합니다. 설교자가 성경의 권위와 전능하신 하나님의 완전한 계시를 믿는다면 "하나님께서 말씀하신다"고 해야 합니다. 이렇게 전해야만 성도들이 하나님 말씀의 권위와 능력을 경험하게 됩니다. 그러므로 설교자는 기도의 능력을 믿어야 하고, 우리 삶 속에서 기도하는 일에 집중해야 합니다.

기도함으로 성령을 받아야 하나님의 말씀을 깨달을 수 있고, 능력 있게 증거할 수 있습니다. 성령 충만한 설교자가 되려면 한 시간 책을 읽을 때, 두 시간 성경을 읽어야 하고, 두 시간 성경을 읽을 때, 세 시간 기도해야 합니다. "또 우리에게는 더 확실한 예언이 있어 어두운 데를 비추는 등불과 같으니 날이 새어 샛별이 너희 마음에 떠오르기까지 너희가 이것을 주의하는 것이 옳으니라"(벧후 1:19). 성령이 말씀을 깨닫게 하실 때까지 말씀과 기도에 집중해야 합니다. 말씀과 기도에 집중해야 성령 충만할 수 있습니다. 성령 충만한 설교자가 말씀을 선포할 때, 죽어가는 영혼들이 살아나고, 교회의 생명력이 회복됩니다.

여러분이 말씀과 기도에 전념함으로 성령 충만함을 받아 능력 있는 설교자가 되기를 기대합니다.